frauen & gender

Kultur | Forschung | Gesundheit

Print 9783938580202
ebook 9783938580332
6. Auflage, 2025

Umschlaggestaltung und Illustrationen: Eckhard Hundt, München
Druck: SDL oHG, Berlin

DIAMETRIC VERLAG Jutta A. Wilke e.K.
Versbacher Str. 181, 97078 Würzburg, Deutschland
Fon: +49(0)931-7841230, info@diametric-verlag.de
(Angaben gemäß den Anforderungen der GPSR)

Bitte beachten Sie, dass alle im Text enthaltenen externen Links nur bis zum Zeitpunkt der Buchveröffentlichung eingesehen werden konnten.

Kerstin Hermelink

Mein wunderschöner Schutzengel

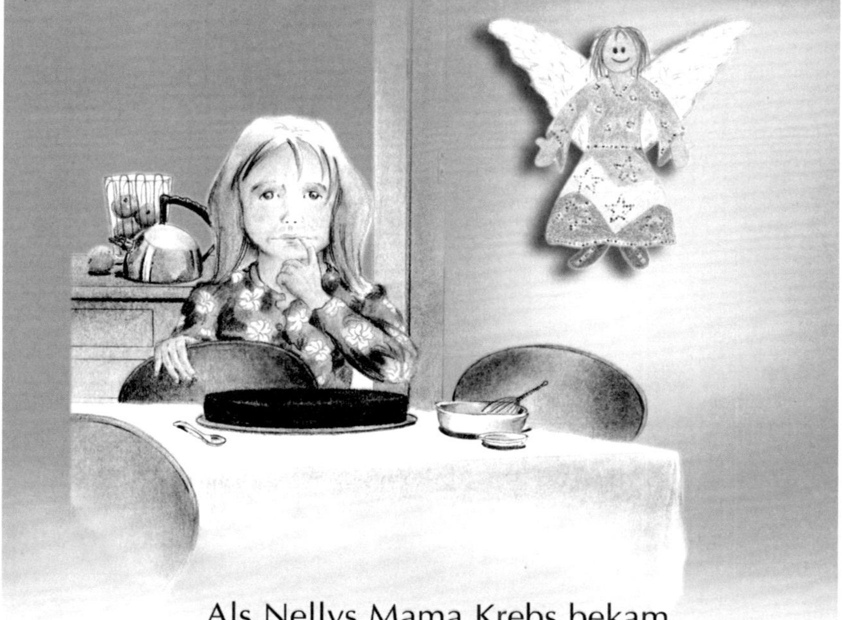

Als Nellys Mama Krebs bekam

Eine Erzählung für Eltern und Kinder

Ich danke Renate Haidinger.
Von ihr kam die Initiative zu diesem Buch und sie hat mit unerschöpflichem Engagement seine Entstehung ermöglicht.

Inhalt

Meiner Mutter in Liebe und Bewunderung

Nelly wird sieben

Wenn die Bäume fast keine Blätter mehr haben und es immerzu regnet, dann freue ich mich, denn dann kommt bald mein Geburtstag.

Da wache ich morgens auf und denke: „Jetzt ist es so weit – heute habe ich Geburtstag!“ Ich kann es immer kaum glauben, obwohl es doch jedes Jahr einmal wirklich so ist. Schnell springe ich aus dem Bett und ins Wohnzimmer, wo ich meine Geschenke finde. Dann laufe ich weiter in die Küche, und dort steht auf dem Frühstückstisch ein Schokoladenkuchen, den Mama gebacken hat. Auf dem Kuchen sind kleine Tiere aus Marzipan, die auch Mama gemacht hat. Das sieht schön aus, und die Tiere stehen so im Halbkreis auf dem Kuchen, als ob sie mir alle gratulieren wollten. Mama und Papa kommen aus ihrem Bett und umarmen mich. Ich glaube, sie sind an meinem Geburtstag auch ein bisschen aufgeregt, denn sie sind gar nicht so verschlafen wie sonst, sondern ganz wach und packen mit mir die Geschenke aus und freuen sich.

Ich dachte, so würde es immer sein, wenn ich Geburtstag habe, bis ich erwachsen bin. Aber dann war es einmal doch ganz anders.

Das war vor drei Jahren, als ich sieben Jahre alt wurde. Ich war wieder ganz früh aufgestanden und ins Wohnzimmer gelaufen. Da lagen sie, die Pakete mit meinen Geschenken. Und in der Küche stand mein Geburtstagskuchen mit seinem Überzug aus Schokolade – aber wo waren die Marzipantiere? Es war kein einziges Tier auf dem Kuchen, nicht einmal das

winzig kleinste Schweinchen. Hatte Mama sie vielleicht nur noch nicht aufgestellt, und sie warteten hier irgendwo in der Küche? Ich schaute mich um, aber ich konnte sie nicht entdecken.
Da kam Papa und umarmte mich.
„Herzlichen Glückwunsch zum Geburtstag, mein allerliebstes Nelly-Kind!“, sagte er und dann: „Mama lassen wir erst mal schlafen, okay?“
Es war doch mein Geburtstag, da konnte Mama nicht einfach weiterschlafen, fand ich, und das sagte ich auch zu Papa. Aber Papa schaute mich ernst an und meinte: „Mama hat letzte Nacht nicht so gut geschlafen, weißt du. Lass uns beide mal ohne Mama Geschenke auspacken. Wenn du aus der Schule kommst, ist Mama ja da.“
Damit war ich eigentlich gar nicht einverstanden, aber Papa schaute mich so an – beinahe traurig sah er aus. Da sagte ich nichts mehr dagegen.

Nachmittags feierten wir und spielten Spiele. Alle meine Freundinnen waren da und auch Kay. Er wohnt in der Wohnung nebenan. Wir kennen uns schon, seit wir beide Babys waren.

Als ich abends im Bett lag, fand ich, dass es ein schöner Geburtstag gewesen war. Da fielen mir die Marzipantiere wieder ein. Sie waren nicht mehr aufgetaucht und ich hatte sie ganz vergessen, aber jetzt hätte ich doch zu gern gewusst, wo sie diesmal geblieben waren. Und wie ich darüber nachdachte, fiel mir auch noch ein, dass Mama gar nicht richtig fröhlich gewesen war, so wie sonst an meinem Geburtstag.

„Jetzt kann ich ganz bestimmt nicht einschlafen“, dachte ich und stand auf. Eigentlich wollte ich nur noch einmal das Perlenspiel anschauen, das ich zum Geburtstag bekommen hatte, aber dann huschte ich auf Zehenspitzen aus meinem Zimmer. Die Wohnzimmertür stand einen Spalt offen. Ich lugte durch den Spalt, und da saßen Mama und Papa, aber nicht so wie sonst. Papa hatte seinen Arm um Mama gelegt, und Mama hielt ihre Hände vor ihr Gesicht und weinte! Papa sah so aus, als ob er auch gleich weinen würde. Plötzlich klopfte mir das Herz bis zum Hals.

Ich hatte Mama noch nie weinen sehen. Ich wusste zwar, dass Erwachsene auch manchmal weinen. Trotzdem ist es sonderbar, wenn die Eltern beide weinen oder beinahe weinen, und man weiß nicht, warum.

Warum waren sie wohl so traurig? Ich nahm mir fest vor, morgen gleich danach zu fragen, und schlich zurück ins Bett.

Im Traum sah ich meine Schokoladentorte. Die Marzipantiere standen daneben und weinten. Plötzlich war da ein riesiger böser Wolf. Er öffnete sein Maul und verschlang mit einem Biss die Torte.

Mama ist krank

„Nelly, wir müssen dir etwas sagen."
Als meine Eltern ins Zimmer kamen, war ich mit meinen Hausaufgaben beschäftigt, aber nichts gelang mir. Wenn ich etwas schreiben wollte, waren meine Gedanken plötzlich wie weggeflogen – ich hatte alles vergessen und saß mit dem Stift in der Hand versteinert da. Dann schaute ich auf die Buchstaben vor mir und sie ergaben keinen Sinn, obwohl ich sie doch eigentlich lesen konnte. Es war gut, dass Papa und Mama hereingekommen waren.

Nun erfuhr ich, warum es so merkwürdig und so anders als sonst bei uns war: Mama war krank. Die Krankheit hieß Krebs.

„Aber Mama, du siehst doch ganz gesund aus! Tut dir denn etwas weh?" Ich konnte mir nicht vorstellen, dass Mama krank sein sollte. Dann hatte man doch Husten oder Halsschmerzen oder Ohrenschmerzen, man hatte Fieber und musste im Bett liegen!

„Mir tut nichts weh, Nelly, und ich fühle mich ganz wohl. Aber ich habe einen Knoten in der Brust, der heißt Krebs, Nelly, und der muss unbedingt wieder weg. Denn Krebs ist eine schwere Krankheit, viel schlimmer als Schnupfen oder Bauchweh, auch wenn man erst mal gar nichts davon merkt."

Im Krankenhaus sollten Ärzte den Knoten herausoperieren. Vielleicht mussten sie sogar die eine Hälfte von Mamas Busen ganz wegnehmen. Zum Glück würde Mama von der ganzen Operation nichts mitbekommen. Sie würde

die ganze Zeit tief und fest schlafen und gar nichts spüren. Am Tag darauf würde ich Mama schon im Krankenhaus besuchen können, und nach ein paar Tagen wäre Mama wieder zu Hause.

„Aber danach, Nelly, muss ich ein halbes Jahr lang ganz starke Medikamente einnehmen, damit der Krebs nicht wiederkommt. Das nennt man Chemotherapie, und davon werde ich manchmal sehr müde sein. Und stell dir vor: Meine Haare werden davon alle ausfallen!"

Jetzt verstand ich, warum Mama geweint hatte: Ihr Busen! Und ihre schönen Haare! Vielleicht wäre beides bald nicht mehr da!

„Wenn die Chemotherapie zu Ende ist, dann wachsen die Haare wieder, Nelly, aber eine Weile werde ich gar keine Haare haben!"

Wie würde das wohl aussehen?, überlegte ich. Und wie würde es sein, auf Mamas Schoß zu sitzen, wenn ein Teil von ihrem Busen weg wäre? Ob es wohl genauso wäre wie jetzt? Bestimmt, dachte ich. Es konnte gar nicht anders sein auf Mamas Schoß, sogar wenn gar kein Busen da wäre.

Mama schaute mich mit ihren schönen dunklen Augen an. Meine liebe Mama! Vielleicht hatte sie Angst, dass wir sie nicht mehr hübsch finden würden, ohne Haare und mit einem halben Busen? Mama war sogar hübsch, wenn sie ärgerlich war und schimpfte. Sie bekam dann so eine ernste Falte auf der Stirn. Manchmal strich Papa mit dem Finger darüber, und Mama lächelte wieder.

Es wird nicht so schlimm werden, dachte ich bei mir. Mama wird so sein wie immer, nur ohne Haare und mit weniger Busen, und das ist mir eigentlich fast egal.

Nächste Woche sollte Mama ins Krankenhaus gehen. Ich würde dann nachmittags immer bei Kay sein. Ich war gerne bei Kay und freute mich darauf.

Nelly hat Sorgen

Ada kam quer über den Schulhof auf mich zugerannt. „Kann ich heute zu dir kommen?“, rief sie.
Sie ist meine Freundin und ich mag sie furchtbar gern.
„Ich bin heute Nachmittag bei Kay. Meine Mutter ist im Krankenhaus. Sie hat Krebs“, sagte ich und biss in mein Pausenbrot. Papa hatte leckere Gurkenscheiben daraufgelegt.
„Ach so“, sagte Ada.
„Sie hat Krebs?“, fragte da ein Kind aus der vierten Klasse, das hinter mir stand. „Wenn deine Mutter Krebs hat, dann stirbt sie!“
Ein paar andere Viertklässler nickten.
„Das ist ganz sicher!“, meinte ein Mädchen.
Dann schauten mich alle wortlos an. Ada hatte plötzlich dicke Tränen in den Augen. Ich war verwirrt. Das konnte nicht sein! Meine Eltern hatten mir davon nichts gesagt!
„Das ist nicht wahr!“, schrie ich.
Die Kinder aus der Vierten beeindruckte das überhaupt nicht. Niemand antwortete – sie gingen einfach weg.

Am Nachmittag saßen Kay, Ada und ich in Kays Zimmer zusammen und dachten nach. Kays kleine Schwester Beba war die Einzige, die lustig war. Eigentlich heißt sie Bella, aber wir sagten Beba zu ihr, weil sie fast noch ein Baby war. Sie zog ihre Puppe an einer Leine hinter sich her. „Fifi, komm!“, rief sie immerzu. Sie behauptete, die Puppe sei ein Hund.

„Aber Beba, das ist doch deine Puppe und kein Hund!", meinte Kay.
„Das ist mein Fifi", antwortete Beba dickköpfig. „Fifi, komm zu mir!"
Es hatte keinen Sinn, vernünftig mit ihr zu reden. Außerdem hatten wir Wichtigeres zu besprechen.
„Wenn es nun doch stimmt, dass man an Krebs wirklich stirbt?" Ada schaute mich voller Sorge an.
Ich schüttelte den Kopf. „Wenn Mama sterben würde, dann hätte sie mir das gesagt."
„Vielleicht wollte sie dich nur nicht traurig machen", wandte Kay ein.
Ich überlegte. Konnte das sein? Würden Mama und Papa lügen, um mich nicht traurig zu machen?
„Wenn deine Mama stirbt, dann wäre nur noch dein Papa da", meinte Ada. „Und vielleicht stirbt er dann auch, vor Kummer. Dann hättest du gar keine Eltern mehr und kämst in ein Waisenhaus!"
Mir wurde ganz mulmig zumute.
„Nein, Ada, das ist doch Unsinn", fand Kay. „Nelly kann bei uns wohnen. Meine Eltern haben bestimmt nichts dagegen."
Ada hatte noch eine Idee: „Vielleicht heiratet dein Vater auch eine andere Frau. Dann hast du eine Stiefmutter."
Ada schlang ihre Arme um mich. „Wenn sie böse zu dir ist, dann holen wir die Polizei oder unsere Eltern!"
„Die meisten Stiefmütter sind aber sehr lieb zu den Kindern", entgegnete Kay. „Böse Stiefmütter gibt es nur im Märchen."

Ich mochte nichts mehr hören. Ich wollte zu Mama. Sie sollte mir sagen, dass sie ganz sicher nicht sterben würde.

Abends fuhr mich Kays Mutter ins Krankenhaus. Wir gingen durch lange Flure, in denen es seltsam roch. Dann klopften wir an einer Tür. Papa öffnete. Im Zimmer lag Mama in einem hohen Bett und sah so blass aus! Sie hatte ein weißes Nachthemd an, und auch das Bett und das ganze Zimmer waren weiß. „Als wenn ein Zauberer hindurchgeschwebt wäre und alle Farben mitgenommen hätte!“, dachte ich. „Und nur der merkwürdige Geruch ist von ihm zurückgeblieben.“

Papa und Kays Mutter redeten leise mit Mama. Sie lächelte mir zu. Ich wollte fragen, ob Mama sterben würde, aber es ging einfach nicht.

Die Geschichte vom süßen Brei

Ein paar Tage später war Mama wieder zu Hause. Sie sah nicht mehr so schrecklich blass aus und musste nicht mehr im Bett liegen. Ihren Busen hatte sie behalten. Sie zeigte mir die Narbe, die nun darüberlief.
„Erst mal verheilt das noch weiter“, meinte Mama dazu. „Und dann, mit der Zeit, wird die Narbe auch noch heller, dann sieht das gar nicht mehr so schlimm aus.“
Ich fand, es sah auch jetzt nicht schlimm aus. Ein Junge aus meiner Klasse hatte eine große Narbe an der Stirn, auf die er sogar stolz war. Er hatte sie bekommen, als er nachschauen wollte, ob schon Eier in einem Vogelnest waren hoch oben im Baum, und heruntergefallen war. Und Ada hatte eine Narbe am Knie. Die stammte aus der Zeit, als sie Fahrrad fahren lernte.
„Ach, Mama“, sagte ich, „eine Narbe ist doch nichts Schlimmes. Die zeigt doch nur, dass man etwas erlebt hat!“
Mama schaute mich erstaunt an und lachte. „Da hast du aber wirklich recht, Nelly. Das ist ein kluger Gedanke, finde ich.“
Jetzt traute ich mich endlich, Mama zu fragen, was mir immerzu im Kopf herumging: „Mama, wenn man Krebs hat, muss man dann sterben?“
Mama hörte auf, ihre Sachen aus der Krankenhaustasche in die Schränke zu räumen und setzte sich neben mich auf das Bett. Ich dachte: „Bitte sag, dass es nicht wahr ist!“, und mein Herz klopfte.

Mama nahm meine Hände. „Man kann Krebs auch heilen, Nelly. Den Krebs, den ich habe, den kann man sogar gut heilen. Du weißt ja, ich bekomme jetzt bald die Chemotherapie, und danach wird meine Brust noch bestrahlt, und dann werde ich auch noch ein paar Jahre lang Tabletten nehmen – alles, damit der Krebs nie mehr wiederkommt, und wahrscheinlich kommt er nie wieder! Es könnte aber auch sein, dass das alles nichts nützt. Dann macht der Krebs viele neue Knoten, nicht nur in der Brust, sondern auch anderswo im Körper. Die kann man dann nicht mehr alle herausoperieren. Damit kann man eine Zeit lang leben. Manche Menschen leben viele Jahre damit. Aber irgendwann stirbt man daran."

„Aber Mama!", sagte ich ganz verzweifelt. „Wenn du sterben würdest, dann wäre nichts mehr schön! Nicht mal Weihnachten oder die Sommerferien! Ich wäre nur noch traurig!"

„Jetzt sterbe ich ja auf gar keinen Fall, Nelly. Wahrscheinlich geht der Krebs ja für immer weg. Und wenn es doch nicht so ist, Nelly ... Wir beide, wir haben uns doch sehr lieb. Weißt du, dass man sich dann gar nicht wirklich verlieren kann? Auch wenn ich sterben würde, wäre ich doch immer noch da, Nelly. Ich wäre bei dir, wenn du dich auf Weihnachten freust und wenn die Sommerferien anfangen und auch, wenn du traurig bist."

„Aber Mama!", entgegnete ich. „Ich will dich doch auch sehen und hören und anfassen!"

Mama schaute mich lange ernst an. Schließlich sagte sie: „Wir können nicht immer alles bestimmen, Nelly. Vieles müssen wir einfach so nehmen, wie es kommt. Papa und ich

konnten ja auch nicht bestimmen, dass wir genau dich als Kind haben würden. Wir haben dich einfach geschenkt bekommen, und das ist doch wunderbar! Jetzt haben wir wieder etwas bekommen, den Krebs. Den wollten wir ganz bestimmt nicht haben. Aber er gehört nun auch zu unserem Leben. Vielleicht entdecken wir sogar, dass auch daran irgendetwas Gutes ist, Nelly, wer weiß! Obwohl wir uns das gerade überhaupt nicht vorstellen können."
Und dann umarmte Mama mich.

Später stand ich mit Papa in der Küche. Er bereitete Käsetoasts für unser Abendessen vor. Ich wollte noch etwas wissen.
„Papa, was ist das eigentlich, der Krebs?", fragte ich.
„Hm", machte Papa nur. Ich versuchte es noch einmal: „Papa, ist das etwas Böses? Wie ein böses Tier, das jetzt in Mama wohnt?"
„Nein", meinte er da ganz entschieden. „Kennst du das Märchen vom süßen Brei?"
Ich kannte es nicht, und während Papa die Tomaten in dicke Scheiben schnitt, fing er an zu erzählen:
„Es war einmal ein Kind, das bekam einen Topf geschenkt. Wann immer man zu dem Topf sagte: ‚Töpfchen, koche!', kochte der Topf süßen Brei, soviel man nur essen wollte. Eines Tages kam die Mutter des Kindes nach Hause und hatte Hunger. Sie sagte zum Topf: ‚Töpfchen, koche!', und schon begann der Topf, süßen Brei zu kochen. Die Frau aß, bis sie satt war, und nun sollte der Topf wieder aufhören – aber die Frau hatte das Zauberwort vergessen, das den Topf zum Stehen brachte! Da kochte der Topf

immer weiter, der süße Brei quoll auf den Herd und in die ganze Küche und schließlich zum Fenster hinaus auf die Straße und sogar in die anderen Häuser hinein und wurde immer mehr. Endlich kam das Kind nach Hause und sagte: ‚Töpfchen, steh!‘ Das war das Zauberwort, und der Topf hörte auf zu kochen. Aber die Leute, die in ihre Häuser wollten, mussten sich erst mal zu ihren Haustüren durchessen.“

Papa warf mir einen fragenden Blick zu. Ich hatte verstanden, was er mir sagen wollte: „Und mit dem Krebs ist es wie mit dem süßen Brei, er wird immer mehr?“

„Genau“, bestätigte Papa. „Der Krebs ist eigentlich nichts Schlechtes. Das ist eigentlich einfach Körpergewebe. Nur kann es nicht aufhören zu wachsen und mehr zu werden. Und wenn überall Krebsgewebe ist, dann können die Organe im Körper schließlich nicht mehr arbeiten.“

„Papa, kennen die Ärzte das Zauberwort?“

„Die Ärzte kennen sogar viele Zauberworte“, meinte Papa. „Sie wissen aber nicht, welches das richtige ist, denn jeder Krebs ist ein bisschen anders. Deshalb probieren sie meistens mehrere Zauberworte aus. Das sind allerdings nicht nur Worte, sondern die verschiedenen Chemotherapien, Bestrahlung und noch alles mögliche andere – alles, was die Ärzte haben, um den Krebs zu behandeln. Oft ist das richtige Zauberwort dabei, der Krebs hört auf zu wachsen, und der Körper beginnt mit dem Aufräumen. Nur manchmal nützen all die Zauberworte nichts.“

Mama kam dazu und wir aßen unsere Käsetoasts, die uns so gut schmeckten!

Was Papa alles konnte! Er konnte mir erklären, was Krebs ist, und obwohl er immer sagte: „Vom Kochen verstehe ich so viel wie unser Kater vom Singen“, konnte er die besten Käsetoasts der Welt machen.

Mein wunderschöner Schutzengel

„Heute bekomme ich die erste Chemo", sagte Mama am Frühstückstisch. „Vielleicht bin ich noch nicht zu Hause, wenn du aus der Schule kommst. Dann geh am besten zu Kay, und ich hole dich ab, wenn ich zurück bin."
Papa erinnerte mich: „Wenn es Mama heute Nachmittag nicht so gut geht, dann bist du lieb zu ihr und lässt sie schlafen, wenn sie das möchte, einverstanden, Nelly?"
Ich war einverstanden. Ich wollte Mama nicht nur schlafen lassen, ich wollte ihr auch etwas zu essen und zu trinken bringen und ihr eine Wärmflasche machen; ich wollte sie fragen, ob das Licht an oder aus sein sollte und ob ich Musik anmachen sollte, ich wollte ihr sogar vorlesen.

Nach der Schule war Mama nicht da und ich ging zu Kay. Wir warteten auf Mama, aber sie kam und kam nicht. Ich wollte so gerne etwas für sie tun. Da hatte Kay einen Vorschlag: „Weißt du, was deine Mutter am nötigsten braucht? Einen Schutzengel! Wir könnten ihr doch einen Schutzengel machen!" Ich fand den Vorschlag fantastisch.

Kay und ich gingen mit Beba in unsere Wohnung, denn da habe ich Tapetenrollen zum Malen. Unser Schutzengel sollte groß werden, da reichte normales Papier nicht aus. Wir holten unsere Stifte und fingen an. Bald hatten wir einen schönen Engel gemalt. Beba brüllte. Sie hatte ihre Puppe angemalt, die nun kein Hund mehr war, und jetzt sollte die Farbe wieder ab. Das ging aber nicht so einfach. Wir konnten ihr nicht helfen, wir waren beschäftigt. Ich holte mein Perlenspiel und Kleber, und wir verzierten das Kleid des Engels mit vielen, vielen bunten Perlen. Das sah wunderbar aus.

Jetzt nahmen wir uns die Haare vor. Dafür holte ich Mamas Nähkasten mit den vielen Kärtchen, auf denen Garn zum Sticken aufgewickelt ist. Wir fanden schnell die richtige Farbe und schnitten lauter gleich lange Fäden davon ab, die wir auf den Kopf des Engels klebten. Leider reichte ein Kärtchen nicht aus, deshalb nahmen wir noch eine andere Farbe dazu und dann noch eine dritte. Jetzt waren die Haare des Engels fast ebenso bunt wie sein Kleid. Wir fanden, es sah wirklich gut aus. Nun überlegten wir, was wir mit den Flügeln machen sollten. Die waren bei einem Engel ja fast das Wichtigste.

Da fiel mir ein, dass wir ein altes Kopfkissen hatten, das nur ganz selten einmal benutzt wurde, wenn jemand bei uns übernachtete. Das könnte man doch aufschneiden und ein paar Federn herausnehmen. Mama müsste es dann wohl wieder zunähen, aber sie würde sich über den Engel so freuen, dass ihr das bestimmt nichts ausmachen würde.

Ich holte das Kissen und wir schnitten es auf. Eine Fülle leichter weißer Federn quoll heraus. Wir bestrichen die Flügel mit Kleber und drückten vorsichtig die Federn darauf.

Beba hatte aufgehört zu quengeln und wollte auch einen Engel machen. Wir gaben ihr ein Stück Tapetenrolle und sie malte und klebte vergnügt drauflos.

Unser Engel war jetzt fertig. Mit den Flügeln aus Federn, die sich im Luftzug bewegten, fanden wir ihn umwerfend schön.

Beba betrachtete zufrieden ihren eigenen Engel, der aussah wie ein Huhn von vorne. Beba wollte das natürlich nicht einsehen.
„Dann ist es eben ein Schutzengel-Huhn!“, schlug Kay vor, und damit war auch Beba einverstanden.
Da kam Mama herein. „Was ist denn hier los?“, sagte sie. „Was habt ihr hier angerichtet?“
Es sah wirklich nicht gerade aufgeräumt aus. Die Federn hatten sich überall im Wohnzimmer verteilt, das war nicht zu vermeiden gewesen. Die Perlen, bunte Fäden, Stifte, das aufgeschnittene Kissen und offene Kleberflaschen lagen verstreut am Boden, der leider auch ein paar Kleberflecken abbekommen hatte. Kay und ich hatten das alles nicht bemerkt. Wir schauten Mama betroffen an. Sie war fassungslos.
„Wie konntet ihr das tun? Nelly, du weißt doch, dass ich heute Chemo bekommen habe, wie kannst du nur so rücksichtslos sein? Kay und Beba, ihr geht jetzt gleich nach Hause.“ Sie drückte Beba ihre Puppe in die Hand.
„Böser Bobo!“, sagte Beba und blickte vorwurfsvoll zu Mama hoch. Mama schob Kay und Beba zur Tür hinaus.
„Und du räumst auf, Nelly. Ich will keine Federn und keine Perlen und keine Kleberflecken mehr sehen!“ Mama verschwand im Schlafzimmer und machte die Tür zu.

Ich saß wie betäubt auf dem Boden und starrte den Schutzengel an. Mama war so gemein gewesen, so ungerecht! Wenn Mama so böse zu mir war, dann wollte ich gar nicht, dass sie wieder gesund würde. Dann wäre ich lieber bei Kays Mutter!

Ich bekam einen furchtbaren Schrecken. Hatte ich mir gerade gewünscht, dass Mama sterben sollte?
Da hörte ich etwas, erst leise, sodass ich genau hinhören musste. Dann wurde es deutlicher.
Es war der Schutzengel. Er sagte einfach nur: „Nelly!"
„Ach, lieber Engel!", fing ich an. „Ich mag meine Mama gar nicht mehr, und ich habe eben sogar gedacht, sie soll sterben!"
„Oh, warum denn das?", fragte der Engel.
„Mama war so böse zu mir!", antwortete ich. „Ich wollte ihr doch nur etwas Gutes tun! Aber sie hat dich nicht mal gesehen!"
Ich erklärte dem Engel: „Sie hat heute das erste Mal Chemotherapie bekommen."
„Dann ist heute wohl ein schwieriger Tag für sie?", meinte der Engel.
„Bestimmt", sagte ich, und der Engel antwortete: „Bald wird deine Mama sehen, was du für sie getan hast, hab doch ein bisschen Geduld!"
Ich weiß nicht, woran es lag, aber ich dachte plötzlich: Vielleicht ist doch alles gut, auch wenn es gerade so schrecklich aussieht.

Das Geräusch der Wohnungstür riss mich aus dem Gespräch. Papa war nach Hause gekommen. Einen Moment später stand er neben mir. Er schaute auf den Schutzengel, das Schutzengel-Huhn und das ganze Chaos.
„Wie schön!", meinte er. „Wie wunderschön! Hast du das für Mama gemacht? Wo ist sie denn eigentlich?"
Ich fing so zu weinen und zu schluchzen an, dass ich gar nicht mehr reden konnte.

Papa kniete sich neben mich auf den Boden und nahm mich in den Arm. „Nelly, was ist denn?“, fragte er. „Was ist denn nur los?“
Schließlich konnte ich sagen: „Mama hat geschimpft, weil es so unordentlich ist.“
Papa nickte. „Nelly, wir beide gehen jetzt zu Mama. Dann räumen wir auf. Und den Engel, den schenkst du Mama zu Weihnachten.“

Wir gingen also zu Mama, die fast ebenso unglücklich war wie ich, weil sie so mit mir geschimpft hatte, und wir versöhnten uns wieder. Papa und ich räumten auf, und abends brachte ich Mama etwas zu essen und zu trinken, ich machte ihr eine Wärmflasche und fragte, ob das Licht an oder aus sein sollte. Ich machte ihre Lieblingsmusik an, und ich dachte daran, dass sie zu Weihnachten von mir den Engel bekommen würde, der jetzt gut versteckt in meinem Zimmer lag.

Weihnachten

Kurz vor Weihnachten hatten Mamas Haare angefangen auszufallen. Eines Abends hatte Papa dann Mama gefragt: „Hast du Mut?"
Mama hatte ein bisschen gelacht und gemeint: „Na ja, es geht so."
Papa hatte Mamas Haare ganz kurz geschnitten. Auf die mini-kurzen Haare hatte Mama ihre Perücke gesetzt. Die trug sie jetzt meistens. Inzwischen waren darunter gar keine Haare mehr.

Nun saßen Mama, Papa und ich zusammen und beratschlagten, was wir Weihnachten machen sollten. Weihnachten ist bei uns immer ein großes Fest mit viel Besuch. Papa war dafür, dieses Jahr ohne Gäste zu feiern, damit Mama nicht so viel zu tun hätte. Mama war dagegen und ich natürlich auch.
„Es wäre doch zu schade, wenn wir Weihnachten nicht zusammen wären. Alle wären unglücklich darüber!", meinte Mama.
„Es wäre gar kein richtiges Weihnachtsfest!", setzte ich noch hinzu.
Da gab Papa nach. „Na gut", sagte er, „dann feiern wir so wie sonst. Aber nur unter einer Bedingung: Du kochst nichts! Wirklich gar nichts."

So kam es, dass am Nachmittag vor dem Heiligen Abend Tante Lieschen mit einem großen Korb vor der Tür stand, Mama und Papa und mich umarmte, uns fröhliche Weihnachten wünschte und schnurstracks in der Küche verschwand. Von dort hörte man bald das Klappern von Töpfen und Pfannen. Tante Lieschen hatte sich darangemacht, eine Gans zuzubereiten, die sie mitgebracht hatte.

Es wurde dunkel, und nun kamen sie alle: zuerst Tante Matti und Onkel Leo mit ihrem Baby Paulina, alle übersät mit feinen Regentropfen. Onkel Leo zog vorsichtig eine große Torte aus einer Plastiktüte.

Als Nächstes klingelte Tante Linde mit roter Grütze und einer Kanne Vanillesoße. Onkel Michi und Tante Gerda erschienen mit einer riesigen Schüssel voll Salat, und dann schlurfte Onkel Herbert herein und überreichte Mama eine Terrine mit Suppe.

Mama und Papa und ich kamen kaum nach mit Umarmen und Küssen. Bald hing an der Garderobe ein Berg nasser Mäntel, und der Flur und das Bad waren voller Regenschirme. In der Küche duftete die Gans, die im Backofen briet, im Wohnzimmer duftete der Weihnachtsbaum, und die ganze Wohnung war angefüllt mit fröhlichen Menschen, die sich viel zu erzählen hatten.

Dann klingelte es noch einmal. Das waren Onkel Julius und Tante Grete, die Weihnachten immer etwas später kommen, weil sie erst noch in die Kirche gehen.

„Nelly, meine Süße, nimm doch mal den Regenschirm! Ach du meine Güte, wo sollen wir den denn noch hinstellen? Wie schön, euch zu sehen! Fröhliche Weihnachten!“, sagte Tante Grete, während Onkel Julius schon auf dem Weg in die Küche war, wo er ein Blech mit Bratäpfeln zu all den anderen guten Sachen stellte, die unsere Gäste mitgebracht hatten.

Nun konnte es richtig losgehen. Tante Grete klappte unser altes Klavier auf, das nur zu Weihnachten benutzt wird. Sie begann zu spielen, Musik flutete durch den Raum und alle versammelten sich um das Klavier, um Weihnachtslieder zu singen.

Wir sangen „Ihr Kinderlein, kommet“ und „Hört ihr, wie die Engel singen“, „Ich steh an deiner Krippen hier“ und „The Holly and the Ivy“. Dann kam mein Lieblingslied, „Wer klopfet an“. Onkel Julius sang mit Donnerstimme den Wirt, der Maria und Josef nicht ins Haus lassen will, und wir anderen sangen Maria und Josef, die ihn um ein Dach über dem Kopf bitten, weil es Nacht wird und Maria ihr Kind bekommt. Aber der Hauswirt ist unerbittlich. Schließlich schickt jemand sie in den Stall zu den Tieren.

So traurig hat die Nacht damals angefangen, dachte ich. Maria und Josef hatten nicht einmal das allerkleinste Zimmer, und für Jesus gab es nur eine Futterkrippe als Bett. Und dann, am Ende der Nacht, freuten sich Maria und Josef und mit ihnen die Engel, die Hirten und alle, die von Jesu Geburt erfuhren, sogar die Tiere! Die Freude war so groß, dass wir uns heute immer noch freuen und Weihnachten feiern.

„Jetzt noch ‚Die Nacht ist vorgedrungen’!“, rief Tante Grete. „Das kennen wir nicht!“, protestierten Onkel Michi und Onkel Leo. „Macht nichts, singt einfach mit!“, meinte Tante Grete.

Die Melodie war sonderbar und feierlich. Ich verstand nicht, worum es in dem Lied ging, aber als ich die Worte hörte: „Auch wer zur Nacht geweinet, der stimme froh mit ein!“, da musste ich an die Nacht denken, in der Mama

so geweint hatte. Jetzt stand sie neben Tante Lieschen am Klavier und sang. Ich hatte so ein warmes, glückliches Gefühl, und ich dachte: Das hat Mama jetzt bestimmt auch.

Da fing das Baby an zu schreien und wir fanden, dass wir genug gesungen hatten. Papa zündete die Kerzen am Weihnachtsbaum an, und die Kugeln und all die kleinen Dinge, die Papa und ich am Vormittag hineingehängt hatten, begannen zwischen den dunklen Nadeln zu glitzern und zu schimmern. Unter dem Baum lagen unsere Geschenke, nun durften wir sie endlich auspacken.

Ich entdeckte gleich die neuen Schlittschuhe, die ich mir gewünscht hatte. Hoffentlich würde es bald frieren! Dann nahm ich ein kleines Päckchen, auf dem stand: „Meiner lieben Großnichte Nelly von Onkel Herbert“. Darin fand ich eine Musikkassette. Als Nächstes machte ich ein Paket auf, das sich ganz weich anfühlte. Es war eine Puppe, die Mama für mich genäht und bestickt hatte. Ihr Kleid leuchtete in Rot und Orange und Rosa, aber auch ein kleines bisschen Grün und ein geheimnisvolles Blau waren dabei, und das Gesicht sah aus, als ob es lebte! Ich fand die Puppe unglaublich schön.
„So hast du früher nicht gestickt“, sagte Onkel Julius zu Mama.

Aber Mama bemerkte ihn gar nicht. Sie hatte gerade meinen Schutzengel ausgepackt, und nun war sie richtig sprachlos. Auch die anderen kamen, um ihn anzusehen, und alle bewunderten ihn.
Tante Grete meinte: „Du hast die künstlerische Begabung deiner Mutter geerbt, Nelly!“

Mama gab mir einen Kuss und sagte: „So ein wundervolles Weihnachtsgeschenk! Vielen Dank, Nelly!“

Als die Geschenke ausgepackt waren, stellten wir alle Tische, die es bei uns gibt, zu einer langen Tafel zusammen. Tante Lieschen brachte die Gans und Blaukraut und Knödel, die sie gekocht hatte, und wir holten all die anderen köstlichen Dinge aus der Küche. Wir aßen, erzählten und lachten alle zusammen. Nur Baby Paulina war schon lange eingeschlafen.

Als die Gäste gegangen waren und ich mit meiner Puppe im Arm in meinem Bett lag, fragte ich Mama:
„Was heißt denn: ‚Die Nacht ist vorgedrungen'?"
„Das heißt, dass die Nacht bald zu Ende ist", erklärte mir Mama. „Und damit ist gemeint, dass eine traurige Zeit vorbeigeht und man auf das Helle und Gute hoffen kann, das mit Weihnachten in die Welt gekommen ist."
„Mama, kannst du das Lied noch mal singen?", bat ich sie.
Mama wunderte sich: „Ach! So ein Lied gefällt dir!"
Sie saß bei mir auf der Bettkante, im Schlafanzug und ohne Haare, und sang für mich noch einmal das schöne Lied.

Schlittschuh laufen mit Papa

Nach Weihnachten wurde es richtig kalt. Eines Tages war es dann so weit:
„Das Eis hält, wir können Schlittschuh laufen“, verkündete Papa.
Ich jubelte – heute noch würden wir Schlittschuh laufen! Und ich könnte meine neuen Schlittschuhe anziehen, die ich zu Weihnachten bekommen hatte! Aber Mama machte ein trauriges Gesicht.
„Heute kann ich nicht mitkommen“, sagte sie. „Ich habe gestern Chemo bekommen und davon bin ich noch ganz müde.“
Ich dachte schon, dass nichts daraus werden würde, aber da meinte Papa:
„Ich fahre mit dir.“
Nun war ich sehr erstaunt, denn Papa geht auf dem Eis immer nur spazieren. Mama kann wunderbar Schlittschuh laufen, aber Papa? „Kannst du das denn?“, fragte ich ihn.
„Natürlich kann ich das“, meinte er.
Da jubelte ich wieder, aber so ganz sicher war ich nicht, ob es ohne Mama wohl schön sein würde.

Als wir ankamen, waren schon viele Leute auf dem Eis. Mit den neuen Schlittschuhen an den Füßen lief ich los. Es ging fantastisch. „Gleich fliege ich!“, dachte ich, so schön war es. Erst als ich schon weit auf den See hinausgefahren war, sah ich mich nach Papa um. Er war noch ganz am Rand. Dort stolperte er und wankte und schwankte, und gerade

als ich wieder bei ihm angekommen war, fiel er hin, direkt vor die Füße einer Dame im Pelzmantel. Die Dame wollte Papa helfen, wieder aufzustehen, aber sie musste ihren Hund zurückhalten. Der war weiß mit schwarzen Flecken und ganz schön groß, und er knurrte Papa böse an.
„Haben Sie sich wehgetan?“, sagte die Dame und: „Sei still, Brasco.“ So hieß der Hund.
Papa fand: „Alles in Ordnung. Ich bin wohl ein bisschen aus der Übung.“
Die Dame lächelte, und Brasco knurrte. „Jetzt sei doch mal still! Halt die Klappe, Brasco!“, fauchte sie ihren Hund an.
Da war Papa wieder aufgestanden. Wir liefen zusammen weiter, zwischen anderen Schlittschuhläufern hindurch, vorbei an Eltern, die Kinderwagen schoben, an Eisstockspielern, an alten Menschen im Rollstuhl und an Kindern, die Schlitten hinter sich herzogen. Papa machte es gar nicht schlecht, und ich sauste nur so dahin.

Dann bekam ich Hunger und wollte die Butterbrote und den Kakao haben, die wir beim Schlittschuh laufen immer mitnehmen. Aber Papa hatte beides vergessen. Er hatte überhaupt nichts zu essen dabei. Ich merkte, wie ich traurig wurde. Ohne Butterbrote und Kakao war es nicht wirklich schön auf dem See! Da hatte Papa eine Idee:
„Dort sind Buden, da laufen wir jetzt hin und kaufen uns etwas zu essen!“
Es gab Würstchen an der einen Bude und Waffeln an der anderen. Wir entschieden uns für die Würstchen.
„Wie heißt du denn?“, fragte mich die Verkäuferin und gab mir eine dampfende Wurst mit viel Ketchup.
„Nelly“, antwortete ich.

Wir standen an einem kleinen Tisch und ließen uns die Würstchen schmecken. Dazu tranken wir Kinderglühwein und ich war gar nicht mehr traurig. Das hier war sogar besser als Butterbrote.
„Wenn die Würstchenverkäuferin wüsste, dass du in Wirklichkeit nicht einfach Nelly bist, sondern Prinzessin Cornelia und dass ich dich gerade befreit habe aus einer schrecklichen Gefangenschaft!“, flüsterte Papa mir zu.
Ich wusste schon, dass jetzt eine von den komischen Geschichten kam, die Papa sich manchmal ausdenkt.
„Wer hat mich denn gefangen gehalten?“, wollte ich wissen.
„Brasco, der Hundefürst!“, raunte Papa. „Er hatte dich entführt!“
Ich versuchte, mir einen Hundefürsten vorzustellen. Es war gar nicht so einfach. „Hat der Hundefürst einen Mantel und eine Krone?“, fragte ich bei Papa nach.
„Natürlich! Er sitzt auf einem Thron und gibt den ganzen Tag Befehle. Dich hat er gefangen gehalten, damit du seiner Tochter von der Menschenwelt erzählst.“

Da kam die Dame mit dem Pelzmantel vorbeigelaufen. Neben ihr trottete Brasco und sah so wenig wie ein Hundefürst aus, dass Papa und ich laut lachen mussten. Gleich fing Brasco wieder an zu knurren. Wir lachten noch mehr. Die Dame guckte uns verständnislos an und zerrte ihren Hund von uns weg. Brasco hatte sich in den Kopf gesetzt, Papa zu beißen – das war deutlich zu sehen, und die Dame musste sich ganz schön anstrengen, um ihn davon abzuhalten.

Nach den Würstchen hatten wir noch ein kleines bisschen Hunger. Papa schaute zu der zweiten Bude, an der es Waffeln gab. Mama hätte sicher gesagt: „Nach den Würstchen noch eine Waffel, da würdest du Bauchweh bekommen!".
Aber Papa meinte nur: „Die sind bestimmt lecker."
Wir nahmen jeder zwei und fuhren damit auf dem Eis herum. Wir fuhren und fuhren und erst als in den Häusern am Ufer schon lange Licht brannte, rief Papa: „Jetzt müssen wir aber wirklich nach Hause!"

Im Auto ließen wir die Kassette laufen, die mir Onkel Herbert zu Weihnachten geschenkt hatte. Dann war die Musik aus und man hörte nur noch den Motor vor sich hin brummen. Ich saß hinten in meinem Kindersitz und schaute aus dem Autofenster nach draußen. Da leuchtete der Mond, und die Sterne funkelten. Ich dachte, wie klein unser Auto doch ist, und der Himmel und die Erde sind so groß! Was wohl auf der Welt alles passierte, während wir hier im Auto durch die Dunkelheit fuhren? Was machten wohl all die anderen Menschen in diesem Moment? Mama saß vielleicht gerade an ihrem Nähtisch und war in eine Stickerei versunken, und neben ihr lagen ihre vielen Kärtchen mit Stickgarnen in allen Farben, die im Lampenlicht leuchteten. In der Wohnung nebenan machte Kay Spaß mit seiner kleinen Schwester: „Weißt du, wofür du Ohren hast, Beba? Damit du deine Haare dahinterstecken kannst. Mach das mal. So!" „Kinder, helft mir mal beim Aufräumen!", sagte seine Mutter und schaute auf das Chaos, das Beba und Kay mal wieder angerichtet hatten.

Und was machten wohl Oma und Opa, die beide gestorben waren, als ich noch in den Kindergarten ging? „Oma!“, sagte ich leise, „Opa!“ Ich wusste nicht, wo sie waren, aber ich fühlte: Sie sahen mich an und lächelten mir zu.

Da kam es mir so vor, als ob ich in dem Motorbrummen wieder die Musik von der Kassette hörte, und ich dachte daran, wie wundervoll das alles war.

Die Marzipantiere sind zurück

Der Winter war kalt, als ich sieben Jahre alt war, und wir gingen noch ein paarmal Schlittschuh laufen, manchmal mit Mama, manchmal nur Papa und ich. Dann wurde es ganz plötzlich warm. Mama mochte ihre Perücke nicht mehr tragen und hatte stattdessen nur noch ein Tuch um den Kopf gebunden. Eines Tages kam sie nach Hause und verkündete:

„So. Das war die Letzte!"

Ihre Chemotherapie war zu Ende. Als sich überall die Osterglocken und die Tulpen öffneten, begannen Mamas Haare zu wachsen, und als Pfingstrosen und Phlox blühten, hatte sie schon wieder eine Kurzhaarfrisur.

Der Sommer war da, und wir unternahmen Fahrradtouren und badeten im See, so wie in jedem schönen Sommer. Nur machte Papa jetzt die Brotzeiten für unsere Ausflüge. Er hatte immer etwas dabei, mit dem wir nicht gerechnet hatten und das wunderbar schmeckte.

Abends saß Mama oft versonnen an einer Stickerei. Und immer donnerstags gingen Papa und Mama zum Tanzen. Den ganzen Abend durfte ich dann mit Kay und Beba spielen, bis Kays Mutter mich zu Bett brachte. Ich versuchte, wach zu bleiben, bis Mama und Papa nach Hause kamen, und manchmal gelang es mir. Dann hörte ich, wie sie auf Zehenspitzen in der Wohnung umherliefen und miteinander flüsterten und leise lachten, und das war schön.

An den langen Nachmittagen lagen Ada und ich in der Hängematte in Adas Garten und schauten in die Zweige des Zwetschgenbaumes und den Himmel dahinter. Wir hatten etwas Neues entdeckt: Wir dichteten. Ada fiel immer etwas ein, und zusammen spannen wir ihre Ideen weiter, bis wir selber staunten, was für eine fantastische Geschichte wir uns ausgedacht hatten. Manch eine fanden wir so gut, dass wir beschlossen sie aufzuschreiben, aber erst im Winter, wenn wir nicht mehr so viel draußen sein konnten.

Manchmal war Kay dabei und protestierte, wenn er fand, dass eine Geschichte zu unwahrscheinlich würde. Und auch Beba hörte uns zu, wenn sie nicht gerade die Sandkiste unter Wasser setzte oder flach auf dem Boden lag und behauptete, so könne sie hören, wie sich die Regenwürmer unterhielten. Sie machte immer noch nichts als Unsinn, obwohl sie doch gar nicht mehr ganz so klein war.

Dann fiel das Laub von den Bäumen und es regnete immerzu. Als nur noch ein paar goldene Blätter in der Birke vor unserem Haus hingen, da hatte ich Geburtstag – und wieder war alles anders als sonst. Mamas Stimme weckte mich am Morgen:
„Nelly! Herzlichen Glückwunsch! Du bist acht Jahre alt, meine Nelly – ich glaube, du hast Fieber!"
Ich war krank. Die Geburtstagsfeier musste verschoben werden, und trotzdem wurde es ein richtiger Geburtstag. Mama und Papa brachten mir meine Geschenke ans Bett und meine Geburtstagstorte auch. Es waren wieder die Marzipantiere darauf, die ich so gern hatte: Schweinchen, Pinguine, Kamele, Elefanten und Kängurus, und mitten zwischen ihnen stand ein kleiner Engel, der fast genauso wie der Schutzengel aussah, den ich für Mama gebastelt hatte.

Mama blieb den ganzen Tag zu Hause, las mir vor, kochte Kakao und brachte mir Stifte und Papier auf einem Tablett, so dass ich im Bett malen konnte. Nachmittags kamen Kay und Ada, obwohl sie eigentlich nicht durften, denn sie sollten sich nicht anstecken.

Jetzt bin ich zehn, und es ist lange her, dass Mama krank war. Ich denke nur noch selten daran, dass sie sterben könnte. Aber dann denke ich auch immer, wie schön es ist, dass ich Mama und Papa und auch Kay und Ada und Beba und alle, die ich lieb habe, sehen und hören und anfassen kann.

Nachwort

Kinder lieben Abenteuergeschichten: Die Helden befinden sich in einer schwierigen Lage, in die sie oft ohne ihr Zutun hineingeraten sind. Die Handlung spitzt sich immer mehr zu, bis die Situation schließlich aussichtslos erscheint. Aber wenn die Figuren auch zwischenzeitlich zu verzweifeln drohen, so besinnen sie sich doch auf alle ihre Fähigkeiten und gewinnen neue hinzu – sie wachsen über sich hinaus, und die Geschichte geht gut aus.

Wenn eine junge Frau an Brustkrebs erkrankt, findet sie sich in einer Lage wieder, die der einer Abenteuergeschichte an „Ungeheuerlichkeit" in nichts nachsteht, nur ist die Situation der krebskranken Frau real, und der Ausgang ist ungewiss. Besonders bitter ist oft der Gedanke, möglicherweise von Kindern Abschied nehmen zu müssen, deren Aufwachsen man doch liebevoll begleiten und beschützen wollte. Dank der großen Fortschritte der Medizin können heute mehr und mehr Frauen mit Heilung rechnen. Dennoch bleibt es eine große Herausforderung, die erste Zeit mit dem Schock der Diagnose und den Belastungen durch die Behandlung nicht nur selbst möglichst gut zu überstehen, sondern auch Kindern unterstützend zur Seite zu sein.

Viele Eltern möchten ihren Kindern eine Krebserkrankung in der Familie am liebsten verschweigen. Kinder spüren es aber sehr genau, wenn die Eltern Sorgen haben, über die sie nicht reden wollen. Etwas Bedrohliches, das im Dunkeln bleibt, über das man nichts erfährt und mit dem man allein bleibt, ist schwerer zu ertragen als fast jede Realität. Dazu kommt die Kränkung, von einem für die Familie so wichtigen Thema ausgeschlossen zu sein und vielleicht sogar belogen zu werden.

Jede Familie muss ihren eigenen Weg finden, mit einer Krebserkrankung umzugehen. Wir wissen aber, dass es Kindern im Allgemeinen besser geht, wenn sie in verständlicher, kindgerechter Form über die Erkrankung informiert werden. Es ist nicht nötig, ihnen jedes Detail zu erklären, aber sie sollten Fragen stellen können und aufrichtige, klare Antworten bekommen. Hilfreich ist es, wenn Gefühle gezeigt werden dürfen, sowohl von den Eltern als auch von den Kindern. Gleichzeitig ist es für die Kinder entlastend, wenn sie ihre Eltern als kompetent im Umgang mit der Krankheit empfinden. Das heißt aber nicht, dass sie immer stark sein müssen. So ist es ein Zeichen von Kompetenz, sich bei übergroßen Problemen Hilfe zu holen.

Kinder möchten sich auch selbst als kompetent in einer solchen Situation erleben. Oft wollen sie helfen, und natürlich sollten sie dafür Anerkennung bekommen. Zu viel Rücksichtnahme und Fürsorge sollte von ihnen aber nicht verlangt werden. Kinder sind überfordert, wenn sie sich für das Wohlergehen der Eltern verantwortlich fühlen müssen.

Günstig ist es, wenn möglichst viel Normalität aufrechterhalten werden kann und wenn den Kindern Lebensbereiche bleiben, die nicht von der Krankheit überschattet werden.

Dieses Buch beleuchtet auf ermutigende Weise die Situation einer Familie, in der die Mutter an Brustkrebs erkrankt ist. Zwar machen die Eltern keineswegs alles richtig, aber es gelingt ihnen, sich ihrem Kind und einander zuzuwenden, statt zu verstummen, sie stellen sich den Fragen ihres Kindes, sie lassen bei aller Traurigkeit Raum für Lebensfreude und Optimismus – sie tun das, was wir alle in Abenteuergeschichten so sehr lieben: Sie wachsen über sich hinaus.

Hermann Faller